LE 19 DÉCEMBRE

OU

L'ANNIVERSAIRE.

Deux Exemplaires ont été Déposés.

LE
19 Décembre

OU

L'ANNIVERSAIRE.

PAR UNE FEMME.

Orléans,

IMPRIMERIE ET LIBRAIRIE DE PELLISSON-NIEL,
RUE ROYALE, N. 78, AU PREMIER ÉTAGE.

1831.

Le 19 Décembre.

Le 19 décembre 1778, un enfant naquit à Versailles. C'était une fille.

Ne me demandez pas son nom, car à ce nom trop de douleur, trop de regrets oppresseraient votre âme....

Rameau d'olivier qui cimentait l'alliance de deux

puissans Empires, la naissance de cet enfant fut saluée par les acclamations de tout un grand peuple ; les temples saints retentirent d'actions de grâces, et ses premiers regards se portèrent sur toutes les pompes de la gloire et des grandeurs humaines.

Cependant quel était cet enfant qui entrait si magnifiquement dans la vie ? quel sort lui était réservé dans les impénétrables desseins de Dieu ? Quel sort ?... Des fers teints du sang de ses proches ! un échafaud prêt à la dévorer comme il avait dévoré tous les siens ! des douleurs immenses ! des larmes intarissables ! un exil sans fin !... Voilà, voilà le sort que Dieu réservait à cet enfant dont tous les rois avaient célébré la naissance, et devant qui s'inclinaient tous les grands de la terre. Des fers, du sang, des cachots, des douleurs sans mesure, et l'exil !

Vous frémissez ;... vous doutez.... Des fers, des échafauds, du sang ! et je parle d'un enfant, d'une jeune fille.... Vous doutez ?

Eh bien, prenez l'histoire, et lisez.

Cette histoire est la nôtre, nous en avons vu les événemens. Beaucoup d'entre nous, hélas ! y ont douloureusement figuré ; et d'autres... les cruels !....

Mais ils voudraient en vain reproduire le passé; Dieu aura pitié de notre patrie, il écoutera la voix touchante de ces nobles victimes qui, pardonnant à ceux qui se sont faits leurs ennemis, prient dans le ciel et sur la terre pour notre malheureuse France. Oui, il exaucera les prières de ces augustes martyrs, et par eux encore nous reverrons la paix et le bonheur.

Cependant que nous dit l'histoire sur cet enfant que Dieu destinait à tant d'épreuves? Elle croissait en esprit et en beauté; les grâces et la majesté empreintes dans tous ses traits, annonçaient sa noble origine; chacune de ses actions révélait déjà les touchans exemples qu'elle recevait de ceux qui entouraient et guidaient son enfance. Père, mère, tante, amis, tous lui enseignaient ces vertus célestes qu'ils pratiquaient tous, et qui, aux jours de l'infortune, devinrent son appui, et firent sa consolation et sa gloire.

Beauté, grâces, esprit; jugement mûr avant l'âge, sensibilité profonde, bonté sans faiblesse, courage plus qu'humain: tels étaient les dons, dont la Providence enrichissait chaque jour cet enfant qu'elle allait livrer à de si terribles épreuves. Oui, telle était à *quatorze ans* cette auguste victime, lorsque, par des événemens inouis, elle fut tout à coup précipitée du faîte des grandeurs dans les horreurs d'une prison.

C'est là qu'entourée nuit et jour d'une multitude atroce, elle n'entendait que des cris de fureur et de rage, ne voyait au dehors que les têtes ensanglantées de ses amis; au dedans, que des poignards, des assassins et la mort : non cette mort que le courage affronte quand le devoir l'ordonne; non cette mort, inévitable et dernière condition de la vie, qu'adoucissent les soins de la religion, de la pitié et de l'amitié; mais cette mort hideuse et cruelle, fille de la rage et du crime, vociférant ses arrêts, hurlant ses chants de triomphe, déchirant ses victimes, et buvant leur sang; cette mort enfin, que l'enfer ou les révolutionnaires français pouvaient seuls inventer, et dont eux seuls pouvaient louer les féroces agens.

Arrachée successivement des bras d'un père, d'une mère, d'une tante, dont l'échafaud termina les tortures et rehaussa la gloire, l'infortunée resta seule dans cet affreux séjour, tandis que non loin d'elle souffrit, languit, expira sous d'horribles traitemens, son frère, faible enfant de *dix ans*, sans qu'elle ait eu la douloureuse consolation de soigner ses souffrances, ni de recevoir ses derniers embrassemens. Touchante et dernière victime que voulurent immoler alors les monstres qui nous oppressaient!

« Le monde a vu sa fin, la tombe a su le reste. »

L'orpheline resta seule dans cet horrible séjour, elle y resta trois ans. L'entendez-vous, vous que quelques mois de dangers ou de souffrances jètent dans le découragement et le murmure ? Elle resta trois ans dans cette effroyable prison.

Seule avec son Dieu, éclairée par sa divine loi, par les faits et par le temps, c'est là que commença à se développer ce génie supérieur (que malheureusement on a trop peu consulté), qui lui fait juger si parfaitement les causes et les effets, les hommes et les choses. C'est là que grandit ce caractère si extraordinairement beau, que les plus grands génies n'ont pas encore trouvé de nom à lui donner. C'est là enfin, n'en doutons pas, que Dieu, dans les secrets de sa Providence, en permettant qu'elle fût frappée de stérilité, la prédestina à faire passer ses sublimes vertus dans le cœur d'un royal orphelin, pour en faire un grand Roi....

Ange tutélaire, accomplis ta noble mission ; tous nos regards comme tous nos cœurs sont tournés vers toi ; exauce nos espérances, veille sur le dépôt cher et sacré que la Providence t'a confié ; rends-le semblable à toi , nous nous rendrons dignes de lui.

Mais ne devançons pas les tems. Je n'écris pas l'histoire ; je l'interroge, et elle m'apprend que les fers de la victime furent enfin brisés. Honneur à la cité fidèle , qui la première demanda cet acte de justice et d'humanité ! L'histoire en a conservé un honorable souvenir que tous les cœurs français ont ratifié.

Libre, mais exilée de sa terre natale, l'infortunée porta ses pas sous les glaces du Nord. Des Français l'y reçurent. Exilés comme elle, presqu'aussi malheureux qu'elle , ils l'entourèrent de leur amour pour consoler sa douleur, et à son tour, elle surmonta sa douleur pour adoucir leur misère. Chacun de ses jours, chacun de ses pas, furent marqués par des bienfaits, ou par des soins plus touchans encore que des bienfaits. Ici, elle se dépouille pour secourir de nobles disgrâces ; là, elle assiste les derniers momens d'un homme vénérable ; ici, elle prépare le bonheur d'un couple vertueux ; ailleurs, elle demande la grâce d'un coupable ou la récompense d'un mérite : partout et toujours, elle montre cette magnanimité sublime dont elle avait reçu de si admirables leçons. Tout Français l'intéressait, tout Français malheureux avait des droits sur son cœur.

Française par sa naissance, elle l'est encore plus par ses sentimens. Refusant les vœux de l'étranger, c'est un Français qu'elle unit à sa destinée. Ce Français n'a point de couronne, point de fortune à mettre à ses pieds. Hélas ! il est proscrit, il n'habite qu'une tente sur la terre de l'exil. Qu'importe ? il est Français, il pourra un jour porter à sa patrie son tribut de gloire et de bonheur : c'en est assez pour cette âme magnanime ; il devient son époux.

Qu'il soit béni ce Français généreux qui, lui aussi, refusant l'alliance étrangère, préféra la grandeur de l'infortune à la grandeur des cours !

Dieu qui dispose à son gré du cœur des peuples et des rois, prépara les événemens qui devaient faire la récompense de ce héros. L'espoir et les vœux de sa noble compagne n'ont point été trompés , car c'est lui qui , le premier , porta dans sa patrie l'olivier de la paix, et c'est encore lui qui , le premier , ramena plus tard nos drapeaux à la victoire , et fit bénir nos triomphes.

Nous l'avons tous vu , ce temps si court de bonheur et de gloire ; quel est celui d'entre nous qui n'en a pas ressenti les effets ? Quel est celui qui a ignoré l'inépuisable bonté de ces magnanimes époux ? Quelle est la contrée qui n'en a reçu des témoignages ? Quel est le Français qui l'a invoquée sans succès ? Et comme si la bonté seule n'eût pas suffi pour lui mé-riter notre amour , combien d'autres vertus célestes cette Femme de douleur et de gloire a déployé parmi nous ! Quel calme et quel courage dans le danger ; quelle résignation et quelle grandeur dans les revers ! Quelle clémence pour les fautes , quelle sensibilité pour les services , quelle juste rémunération du bien, quelle indulgence pour les coupables , quelle facilité à oublier l'ingratitude ; en un mot , quelle merveil-leuse réunion de sentimens héroïques et magnanimes ! L'histoire et les arts en ont consacré la mémoire ; mais c'est dans les cœurs vraiment français que s'est élevé le monument le plus durable et le plus digne d'elle.

Qu'après cela de vils calomniateurs, de misérables écrivains, pour gagner leur salaire, attaquent et dénigrent ses hautes vertus, qu'ils cherchent à les noircir de leur venin, qu'ils disent que cette Femme sublime n'aimait pas les Français, et qu'elle ne leur avait pas pardonné le mal qu'elle en avait reçu; qu'ils disent que sa noble famille a fait le malheur de sa patrie, nous ne nous abaisserons pas à leur répondre. Les faits ont parlé trop haut et trop long-temps pour qu'il soit besoin d'ajouter à leur puissante voix. Et d'ailleurs, qui ne sait aujourd'hui, d'où partaient et d'où partent encore ces qualifications odieuses, ces calomnies absurdes, lancées à dessein contre une famille dont on avait juré l'anéantissement, croyant sans doute anéantir avec elle le souvenir des forfaits dont elle fut victime? Les événemens ont pris soin de nous montrer par qui et pourquoi furent accueillis et répandus ces écrits atroces, ces peintures dégoûtantes aussi opposées à nos mœurs qu'à notre dignité. La France les a repoussés avec horreur, parce que ce n'est pas l'ingratitude d'un ramas d'ambitieux, d'intrigans, dont l'opinion a déjà fait justice ; ce n'est pas l'égarement de quelques forcenés qui, aux jours de délire, ont payé des bienfaits par des fureurs et des proscriptions, qui pourront ternir la gloire de cette auguste famille. La France a vu, elle a jugé ; et à ces calomnies, à ces vociférations, à cet exil, elle n'a répondu que par un long cri de reconnaissance, d'amour et de regret.

Maintenant demanderez-vous encore le nom de cet enfant, de cette fille, de cette femme, si majestueusement marquée par la main de Dieu ? Qu'est-il besoin de le dire, ce nom qui émeut tout ce qui porte un cœur ? Vos larmes prouvent assez que vos cœurs l'ont deviné ; mais ne le prononçons pas aujourd'hui sur sa terre natale, elle n'y est plus pour y répondre, elle qui répondait à tous ! Elle n'y est plus...... Ses pas errent pour la troisième fois sur la terre d'exil. Là, continuant sa mission toute céleste, elle console un vieillard auguste, en lui montrant le temps et l'histoire rendant à son nom l'éclat qui lui est dû. Là, par les seules leçons de ses grands exemples, elle façonne l'âme d'un jeune enfant aux grandes destinées qui l'attendent.... Là , enfin, prosternée devant le Dieu qui l'éprouve , et nous châtie, elle prie pour la France, elle pleure sur la France, tandis que dans cette triste France, il ne reste plus d'elle que l'espérance , et l'impérissable souvenir de ses malheurs , de ses vertus et de ses bienfaits !

FIN.